青史流光：跨越时空的那些人

编著：宫浩奇

绘者：小马车图书

刘邦传

中国戏剧出版社
CHINA THEATRE PRESS

图书在版编目（CIP）数据

刘邦传 / 宫浩奇编著；小马车图书绘． — 北京：
中国戏剧出版社，2023.1
（青史流光：跨越时空的那些人）
ISBN 978-7-104-05284-5

Ⅰ．①刘⋯ Ⅱ．①宫⋯ ②小⋯ Ⅲ．①汉高祖（前256- 前195）—传记 Ⅳ．①K827=341

中国版本图书馆CIP数据核字（2022）第177635号

刘邦传

责任编辑： 肖　楠
项目统筹： 康祎宁
责任印制： 冯志强

出版发行：中国戏剧出版社	印　刷：保定市铭泰达印刷有限公司
出 版 人：樊国宾	开　本：710mm×1000mm　1/16
社　　址：北京市西城区天宁寺前街2号国家音乐产业基地L座	印　张：78
邮　编：100055	字　数：280千
网　址：www.theatrebook.cn	版　次：2023年1月　北京第1版第1次印刷
电　话：010-63381560（发行部）　010-63385980（总编室）	书　号：ISBN 978-7-104-05284-5
传　真：010-63381560	定　价：298.00元（全10册）

读者服务：010-63381560
邮购地址：北京市西城区天宁寺前街2号国家音乐产业基地L座

版权专有，违者必究；如有质量问题，请与出版社联系调换。

渔家傲·刘邦

芒砀层峦蛇妪泣，沛城孤邑龙虎聚。金鼓连声丰镐去。嬴秦讫，垓下一曲炎刘立。

无赖草根多冷觑，豪杰气度吞寰宇。功狗功人皆伏地。大风起，千秋霄壤谁评叙？

姓　　名	# 刘邦
所处时代	秦朝至西汉初年
主要事迹	斩蛇起义；吕公嫁女；约法三章；鸿门酒宴；楚汉相争；品评萧何；伪游云梦；白登之围；白马之盟；临终识人
关联名人	萧何、张良、樊哙、曹参、陈平、韩信、彭越、秦始皇、项羽、吕后
文化标识	斩白蛇；人为刀俎，我为鱼肉；大风歌；项庄舞剑，意在沛公；兔死狗烹，鸟尽弓藏；运筹帷幄之中，决胜千里之外

历史背景

公元前221年，持续五个多世纪的春秋战国大分裂时代结束。秦始皇嬴政扫平群雄，一统寰宇，建立了大秦王朝。但百姓希望的和平并未持续很久。成为九五之尊的嬴政"执敲扑而鞭笞天下"，用严刑峻法统驭四海，大兴土木，横征暴敛，以致百姓苦不堪言。哪里有压迫，哪里就有反抗，天下再次积聚起动荡的阴云。秦始皇苦求长生不得，最终病逝于东巡途中。继位的秦二世胡亥不仅没有其父的雄才伟略，反而只是继承了始皇残忍暴虐的一面，天下百姓由困境走向了绝境。不堪忍受的百姓终于愤然反抗，陈胜、吴广率先斩木为兵、揭竿为旗，掀起了轰轰烈烈的大泽乡起义，其他英雄豪杰云集响应，纷纷加入到反秦大业中来。一时间，秦朝大地烽火连天。张皇失措的秦二世垂死挣扎，派出大将章邯到处镇压群雄。陈胜、吴广不敌，最终败亡。但其他义军并未因此终止反秦的壮举，而是继续与秦军殊死搏斗。其中，有两路义军最为突出：一是项梁、项羽率领的军队；二是刘邦率领的军队。前者在巨鹿之战中大败章邯，歼灭了秦军主力；后者则直扑秦都咸阳，逼降了末代秦王。秦朝社稷倾覆，中原大地又变成了刘邦和项羽角逐的战场。最终刘邦以弱胜强，成功击败曾经威名赫赫的西楚霸王项羽，建立了大汉王朝。

故事线索

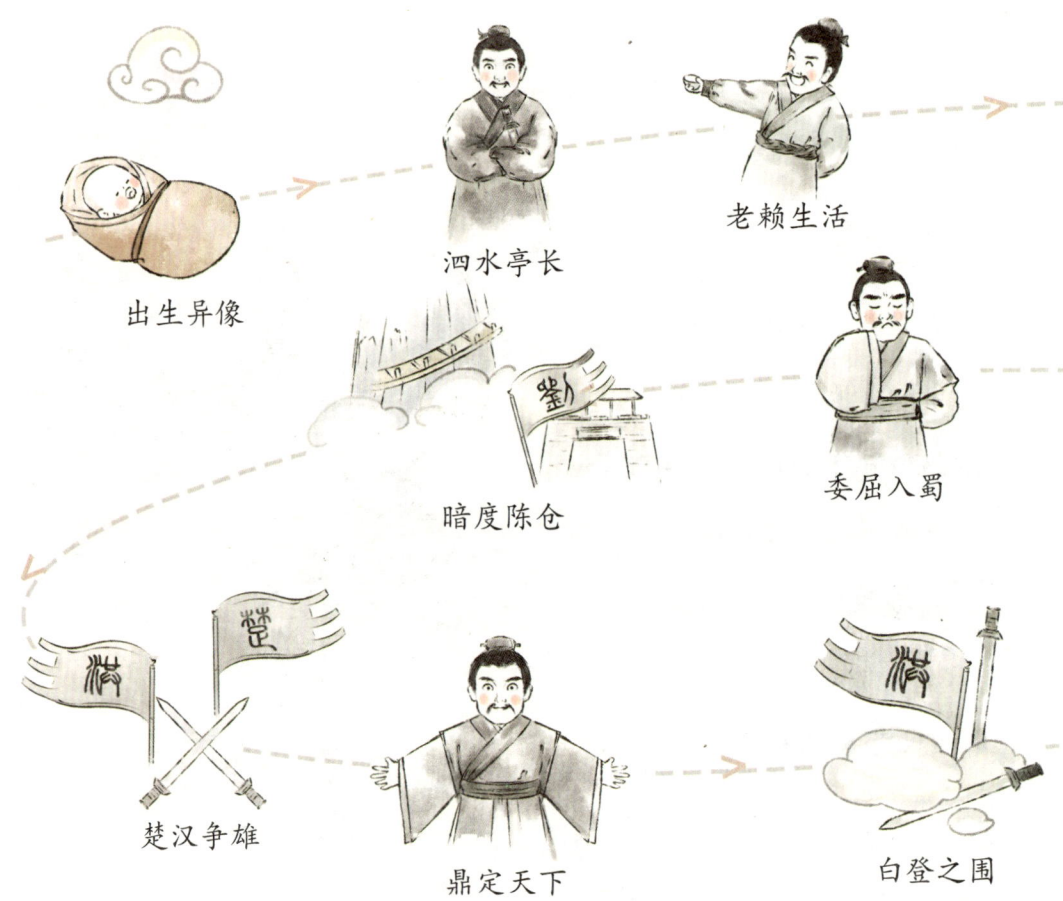

斩白蛇·大风歌

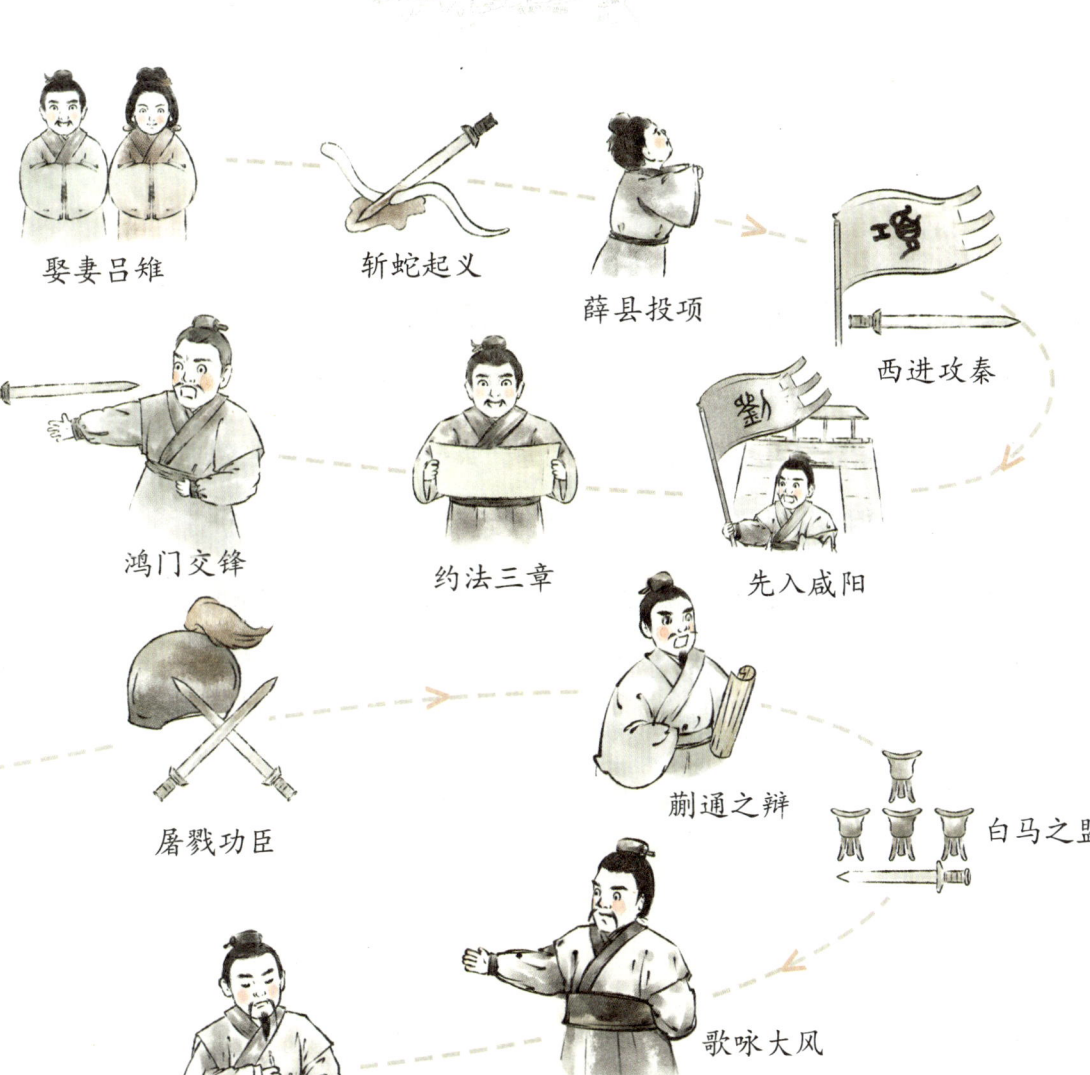

出生异像

汉高祖刘邦是今江苏人,出生于战国时期丰邑(入秦后属泗水郡沛县)的一农户家中。父母刘太公、刘媪(ǎo)膝下有四子一女,刘邦排行第三,所以称刘季,其实就如同今天所讲的刘老三一样,不是正经名字。据说,刘媪有一天在湖泽边休息,梦中遇到神仙,忽而电闪雷鸣、天色阴暗,适逢刘太公去找自家妻子,看到一条蛟龙趴在刘媪身上。后来刘媪就生下了刘邦。刘邦的长相也与众不同,高鼻梁、美须髯,面目跟遨游九天的龙相仿,尤其是左腿上有72颗黑痣。类似于这样的传奇降生、身有异相在古代帝王、将相、名人的传记中常见,不过是为了美化人物生平,以显示其尊贵不凡、卓尔不群罢了,今人大可不必当真。

斩白蛇·大风歌
Zhanbaishe dafengge

泗水亭长

　　抛掉刘邦的美颜滤镜，其实刘邦就是个普通的农家子弟。但他并不愿意过面朝黄土背朝天的辛苦生活，每天东游西逛，就是不肯老实种地。父亲刘太公很不喜欢他无所事事的样子，老是拿他跟老二刘仲去比较，认为刘仲勤勤恳恳劳动，将来才能兴旺老刘家，像刘邦这个样子，最后只能是个败家子。刘邦对父亲的批评不以为意，继续我行我素。不过刘邦的优点也很突出，气度恢宏，性情豁达，所以能够结交到很多朋友。

　　刘邦混来混去，居然在秦朝的时候成为了泗水亭的亭长，有了国家俸禄，自然就更不用种地了。于是每天除了盯着路过的美女们流口水，就是和下官属吏逗趣玩乐、和狐朋狗友喝酒猜拳。

老赖生活

刘邦喝酒也跟别人不一样,没有现钱,从来都是赊(shē)账,换句话说就是老赖,而且还总是可着两家赖。这两家酒肆的老板叫武负、王媪。那这两人为啥愿意让他来耍赖呢?据说是因为他俩有次看到刘邦喝醉的时候,身体上方出现了盘旋的龙。传言一出,很多人都跑来酒肆,边喝酒边坐等奇迹出现。吃瓜群众等没等到龙不知道,反正酒肆的生意因此好了不少。既然有刘邦这个活广告在,而且又没收酒店的广告费,这两人自然也非常欢迎他来,不仅好吃好喝好招待,年底还一把火把账单都烧掉了。

刘邦平常过得逍遥,但心中却常有飞黄腾达的渴望,有一次遇到秦始皇出巡,看着赫赫威仪,忍不住感叹:"大丈夫生当如此啊!"

斩白蛇·大风歌·刘邦

据说刘季的身上会有真龙现身！

嘿嘿，这波广告做得好，又可以免费喝酒了。

青史流光：跨越时空的那些人

这家伙一看就喜欢吹牛。

贺钱一万。

啊？这么有钱，快进来。

虚报贺钱

一时的刺激当然不可能使刘邦的生活有所变化，激动过后他依然过着往日的生活，享受着昔日的平淡，当然耍赖的习惯也不能丢。一天，沛县移居来一户外乡人，户主人称吕公，跟沛县县令是好朋友。县中人听说县令有贵客到访，都争着来拍马屁，前来祝贺。县令的下属萧何被委派收礼。吕公担心送礼人过多，堂上坐不下，就让萧何安排凡是礼物不满一千钱的人到堂下就座。刘邦身上一文不名，却大大咧咧地在名帖上写道：贺钱一万。吕公看到名帖，觉得太贵重了，赶紧亲自出来迎接。两人一打照面，吕公就连连点头，很客气地把刘邦请了进来。萧何在旁边耳语道："这家伙平常就喜欢吹牛，恐怕有假。"吕公却笑而不语。

娶妻吕雉

　　吕公将刘邦请进大堂上座，刘邦也不客气，一屁股坐了下来，旁若无人地大吃大喝起来，其他客人都纷纷侧目，心中冷笑不已，觉得这家伙就是个土包子，简直太失礼了。吕公却毫不在意，还是殷勤地劝酒布菜。等宴会结束、其他客人都散去的时候，吕公把刘邦留了下来，对他说道："我精通相面之术，觉得你刘季将来一定不同凡响，所以我要把我女儿吕雉嫁给你为妻！"刘邦哈哈大笑，毫不谦让，欣然答允。吕公的老婆知道后，气得责骂吕公说："你是不是老糊涂了，以前一直说要给女儿找个贵人来嫁，挑来挑去就找了这么个人吗？我听说刘季就是个二流子啊！"吕公摇摇头说："你一个女人懂得什么？我的眼光错不了。"

私放众奴

刘邦一分钱没掏，白吃了一顿丰盛的酒宴还娶到一个如花似玉、家资丰厚的老婆，简直是痞子界的王者。可这位王者此时还得为大秦朝廷的建设做牛做马，作为亭长这种基层小官吏，最经常做的事情就是帮助朝廷押送服徭役的人去修建骊山陵墓。这项工作既累、又得罪人，还没有什么成就感，刘邦实在不愿意做。有一次，刘邦又押送一批人上路，结果到半路的时候发现逃走了好多，算算比例，到了终点的话，估计都逃亡干净了。于是，他把剩下没逃的人召集起来，解开了大家的绳索，大手一挥，说道：

"大伙都赶紧散了吧，打今个儿起，我自己也要逃亡了。"被释放的众人对他感恩戴德，当下就有十几个壮士表示要跟他一起逃亡。

斩杀白蛇

刘邦大喜，没想到自己能这么有号召力，于是和愿意跟随的壮士们一起痛饮一番。等喝得醉醺醺的时候，一起沿着湖泽而行。正走着，前面探路的人突然停了下来，跑回来跟刘邦汇报说："不好啦，前面有一条大白蛇拦路而卧，咱们还是换条路走吧！"刘邦打个酒嗝，斜着醉眼道："大丈夫行路，无所畏惧，一条长虫而已，有啥可怕的？"说罢，径直上前观看，果然有一条碗口粗的白蛇正在前方横卧。刘邦酒意上涌，胆气雄壮，拔剑便斩，一下子将白蛇砍为了两段。刘邦呵呵大笑，扔掉宝剑，继续前行，走了没多远，就一头栽倒，醉卧于地。正在这时，后面的人忽然看见白蛇断为两节的地方有个老婆子在嘤嘤哭泣。

预示天命

荒山野岭中,这哭声搞得大家毛骨悚(sǒng)然。有人奓(zhà)着胆子上前问道:"老人家,你为啥哭呀?"老婆子回答道:"我的儿子被人杀了,所以我才这么伤心。"又问:"你儿子是谁呀?在哪里何时被杀了?"老婆子大哭起来,说道:"我的儿子是白帝之子,化身为蛇,就在刚才被赤帝之子斩杀了呀!"众人面面相觑(qù),都不相信,再看老婆子,已经消失不见。大家赶紧推醒刘邦,把这件怪事告诉了他。刘邦一听,心中不由暗暗欢喜,越发得意起来,原来自己是赤帝之子,果然天命所在,不同凡俗啊!这时其他人看刘邦的眼神也不一样了,之前只是感激佩服,而现在却多了很多的敬畏在其中。

云气加持

  刘邦和一众逃犯在芒砀(dàng)山的崇山峻岭、湖畔沼泽中藏匿，躲避官府追捕，但毕竟是结了婚的人，所以还是希望和自己老婆能有联系。可每次都不用他去找吕雉，吕雉自己就仿佛在他身上装了定位装置一样直接就找到他。刘邦非常奇怪，就问她怎么找到自己的。吕雉说道："那是因为你出现的地方总是有五彩云气啊，我跟着云气就直接找到了你。"刘邦一听，更加信心十足。沛中的年轻人听说了此事，都觉得刘邦可能真跟普通人不一样，于是纷纷前来投奔，刘邦的队伍一下子扩充了好多。其实，无论是斩白蛇还是望云气，不过是刘邦、吕雉等自导自演的广告剧罢了，目的就是利用人们的迷信心理扩大自己的影响力。

斩白蛇·大风歌
Zhanbaishe Dafengge

青史流光：跨越时空的那些人

> 我们的机会来了，我相信我们必能成就一番大事。

回归沛县

刘邦亡命于芒砀山之时，不堪秦朝暴政的广大百姓早已愤懑(mèn)难抑。陈胜吴广在大泽乡率先发动反秦起义，高呼"王侯将相，宁有种乎"，天下云集响应，很多郡县的百姓纷纷杀了本地的郡守、县令，举行暴动。沛县的县令害怕自己成为民意的宣泄口，想要起兵反秦，于是找来自己的下属萧何、曹参(cān)商量。这两人一致认为沛县县令号召力不足，还是应该把逃亡的刘邦给找回来，这个人比较有实力，而且听说现在已经拥有数百人的队伍了。县令答应了，指派跟刘邦相识的屠夫樊哙(kuài)去芒砀山找刘邦。樊哙不辱使命，很快找到了刘邦。刘邦一听沛县长官打算招自己回去举行起义，喜出望外，迅速率众回归。

投信城中

　　刘邦满怀欣喜地回到了沛县，可到了城门口却发现城门紧闭。原来沛县县令造反的意志并不坚定，在樊哙走后思来想去总觉得造反不一定成功，而且即使成功了，刘邦手下有大批人马，自己也控制不了他，到头来还是得屈居其下，忙活一场反倒为他人作嫁衣裳。这么一想，县令顿时觉得起义不那么美妙了，于是他命人封闭了城门，不让刘邦回来，而且还下令立刻逮捕萧何、曹参。这两人都是人精，一听沛县县令要反悔，而且要拿自己的人头杀鸡骇猴，连忙就爬过城墙投奔了刘邦。刘邦听到报告，心中暗喜，没有了沛县县令在头上，这样自己就顺理成章是老大了。至于怎么说服沛县的百姓，他自有办法。他命人用弓箭射了很多信给城中的百姓。

青史流光：跨越时空的那些人

入城做主

信的内容很简单,就是号召大家响应各地反秦义军的正义行动,一起合力推翻暴秦,顺便把秦朝的走狗沛县县令的人头拿下。刘邦之前做的广告产生的效果非常好,沛县中的百姓认为是赤帝之子发出的号召,那还能有假?众人群起而攻之,一下子就把县令杀死了,随后大开城门,欢迎刘邦入城,当他们新的县令。刘邦假惺惺地说:

"如今天下群雄并起,一个不小心,恐怕就得一败涂地。我倒是不害怕自己身死,就怕自己能力不够,连累大家,大家还是另举贤能来当头领吧!"萧何、曹参都害怕万一失败了,自己作为头领会被诛灭三族,而且也知道自身的威望不可能超过刘邦,于是同沛县百姓再三再四地劝说,终于说动了刘邦。

组建团队

　　刘邦顺利地当了头领，有了身份自然也不能再被刘老三、刘老三地直呼姓名，于是就有了个高端大气的新名字沛公。萧曹二人虽然没有当领袖的能力，但作为下属还是非常给力的。他们很快帮助刘邦招募了两三千人，为这支新军制定了简单的规章制度。为了让赤帝之子的广告效应更深入人心，又规定了这支队伍的旗号为红色。队伍拉起来了，自然开始谋划如何逐鹿天下。此时，秦朝的疆域里已是处处烽烟，原先六国的遗民纷纷叛秦，复辟自己的国家。项梁项羽叔侄也从吴中起兵。刘邦不甘人后，也连连出兵，攻城略地，其中有胜有败，队伍倒也逐步扩大，但此时项梁实力强横，已经逐步侵入到了刘邦的地盘。

斩**白**蛇·大风歌·刘邦

青史流光：跨越时空的那些人

你是来加入我们的？

对呀，我对项家的敬仰之情那真是有如黄河之水……

无奈投项

项梁、项羽叔侄本为楚国后裔,自起兵反秦以来,一直攻无不克,战无不胜,比刘邦要顺利得多,而且兵强马壮,还得到了天下反秦起义的首倡者陈胜的册封(实际有人假传诏令),项梁成为了张楚政权的上柱国。此时陈胜已被秦朝大将章邯(hán)击败而不知所踪的消息传得沸沸扬扬,刘邦本来投靠了新晋楚王的景驹及其大将秦嘉,但这两人的地盘横亘在项梁西进的路上,所以项梁毫不客气地下手,这两人很快身死军灭。实力孱(chán)弱的刘邦哪敢反抗,更不敢给自己领导报仇,而且更急迫的是,章邯已经率领大军西来,虎视眈眈地要把义军们一鼓荡平。刘邦无奈,只能带了少量部下,亲自去见项梁,表示恭顺降服。

攻克丰邑

项梁并没有为难刘邦,而且还豪爽大方地借给他兵卒五千、将领十员,让刘邦去攻打之前他两次都没有打下来的丰邑。项梁此举其实不安好心。和项梁这种将门之后相比,刘邦对行军打仗毫无经验,手下的人马尽是乌合之众,而项梁手下都是能征惯战之人,派兵派将的目的其实就是控制刘邦的队伍,以便将刘邦彻底绑上自己的战车。刘邦无力反抗,还得对项梁千恩万谢。不过项梁人马的战斗力确实不凡,对刘邦而言是硬骨头的丰邑,被项梁所派的人马轻松拿下。刘邦手下的叛将、占据丰邑的仇敌雍齿侥幸逃走,刘邦报了一箭之仇。但正所谓请神容易送神难,项梁叔侄在关键时刻帮助了刘邦,刘邦于情于理都无法再保持独立。

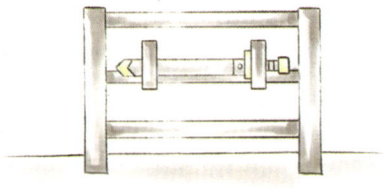

薛县大会

自认为天命所归的斩蛇豪杰被迫成为了项梁手下的将领，对此刘邦虽然不高兴，但也无可奈何，只能把自己的小心思偷偷藏起，小心翼翼地向项梁叔侄表示忠心。

此时项梁兵强马壮，借着自己名义上的老领导陈胜已经败亡的消息确认之机，在薛县召开了诸侯大会。会上项梁扶植了楚怀王熊心当新的名义上的义军首领，而册封自己为武信君，俨然是各路反秦义军的实际领导。各路义军头目迫于威势，只有服从。刘邦自然也不敢当出头鸟，只能加入楚军，积极配合项梁、项羽东征西讨。项羽乃是绝世猛将，有他开路，刘邦跟着也顺风顺水，二人也算合作无间，一路攻城夺关，甚至斩杀了丞相李斯的儿子三川郡守李由。

章邯攻赵

　　一路高歌猛进的项梁叔侄骄傲无比，没想到很快就尝到了乐极生悲的苦果。定陶一战，项梁被秦将章邯大败，身死人手。项羽闻知噩耗，大惊，只能匆匆忙忙和刘邦从陈留退军。反秦事业遭受到重大挫折。刘邦心中或许暗暗欢喜，但此时却无心表达，因为挟胜利之威而来的秦军毫无疑问将会在下一刻把锋利的长矛刺向群龙无首的楚军。不料，章邯也被胜利冲昏了头脑，忽视了斩草除根的重要性，认为刘邦、项羽等人失去了项梁的领导，已经不足为惧，不如先放过他们，转而向北攻打另一路比较大的反秦诸侯——赵国。惴惴不安的刘邦大喜过望，庆幸自己躲过了一劫。随后，更大的喜事接踵（zhǒng）而至。

斩白蛇·大风歌·刘邦

怀王分权

这次送来欢乐的是那个看起来没啥用的傀儡(kuǐ lěi)、名义上的义军共主——楚怀王。楚怀王虽然是被项梁所立,但内心对项氏叔侄非常抵触。项梁身死,正好给了楚怀王一个远离项家,直接对义军发号施令的机会。为了分化项家军,他任命沛公为砀(dàng)郡长,封武安侯,领导砀郡士兵,封项羽为长安侯,号鲁公。这一来,就兵不血刃地分化了刘邦和项羽。此时,恰逢北方的赵国派人来向楚国求救,这真是瞌睡送来枕头。楚怀王顺水推舟地命令项羽带兵去救赵,远离中枢,又命令刘邦西进攻秦。只要把这二人赶走,楚国政权就顺理成章地掌握在自己手中了。为了压制项羽,还在其头上安排了一个叫宋义的人做上将军。

先入咸阳

楚怀王自作聪明地以为用这些招数能借秦兵之手消灭掉项羽、刘邦，让自己真正成为楚王。所以在诸将临出行前，还大方地许诺：不管谁首先进入秦朝核心区域关中、攻占都城咸阳，谁就是未来的王。自以为得计的楚怀王完全低估了项羽、刘邦这些枭（xiāo）雄的超强实力。项羽一出征，就果断出手，一举斩杀了楚怀王的新晋代理人——上将军宋义，随后率军北上，九战九胜，不仅顺利解除了赵国之围，还就势逼降了秦将章邯。而失去项羽制约的刘邦也有如神助，一路高歌猛进，居然比勇猛绝伦的项羽还先一步攻占了咸阳。这不仅让楚怀王大跌眼镜，就是项羽也百思不得其解，当初实力孱弱的刘邦怎么突然就变强了呢？

青史流光：跨越时空的那些人

歪打正着

西征之前,当时楚国上下都不看好西征,因为秦军势大,西征一路关塞阻隔、困难重重。之所以推举刘邦当统帅,大家的理由是刘邦为人宽厚,可以减少阻力。这个说法实在蹩(bié)脚,丝毫没有理论依据支撑。难道因为敌将宽厚,秦兵就会乖乖放下武器?项羽倒是很想通过西征来树立自己的威名,可大家又看不上,说他残忍好杀,不利征战。这个理由也很奇葩,难道有这个缺点就不影响北上救赵了?总之,楚怀王的小心思成就了刘邦。西征路上,得到了部分楚国精锐军队的刘邦真正是鱼入大海、龙上九天,自由无比。而他的所谓"为人宽厚"的人设确实为他的西征之路大大减少了阻力,而且得到了一众贤人的青睐。

傲慢待客

路过高阳时,有一个叫郦食其(lì yì jī)的人听说刘邦很有名,就想来拜会他。引荐人劝说郦食其道:"沛公这个人很不喜欢儒生,动辄(zhé)喝骂,有时不高兴还会把儒生的帽子拿来当夜壶,所以千万不要说自己是儒生。"郦食其大大咧咧地说道:"我非儒生,乃高阳酒徒也。"刘邦闻报后,不以为然,居然在洗脚的时候叫他进来。郦食其看着沛公湿漉漉的光脚丫子,心中恼怒,遂拱了拱手,冷笑道:"阁下是想帮助暴秦剿灭诸侯,还是率领诸侯消灭暴秦呀!"刘邦闻言大怒:"你这笨蛋,天下承受暴秦已久,我怎么可能帮着秦朝去攻打诸侯?""哦,那既然如此,你不应该礼贤下士吗?为何敢如此怠慢我这样的长者贤士呢?"

斩白蛇·大风歌·刘邦

青史流光：跨越时空的那些人

喜遇张良

　　刘邦闻言，立刻跳了起来，穿上鞋子整理好衣装，连声向郦食其道歉，并恭恭敬敬地请其上座。郦食其受到尊重，方才心满意足。他跟刘邦畅谈了好久，又令其弟郦商带着四千余人归入刘邦军队。刘邦实力得以大大增强。又过了一段时间，刘邦遇到了日后名垂青史的谋士张良。二人之前其实有过交集，但当时作为韩国贵族的张良一心想要恢复旧日的韩国，所以一直在项梁所立的韩王手下当差。但韩王昏庸无能，张良空有满腹计谋却无从施展。如今遇到了刘邦，当真互为鱼水，彼此一见倾心。

　　在张良的妙计奇策下，刘邦一路势如破竹，秦朝的守将们纷纷献上关隘。加上他"宽厚仁爱"的好名声，其他义军也接二连三地前来归顺。

入驻秦宫

公元前206年的秋季,末代秦王子婴素车白马出降,向刘邦献上了传国玉玺,立国十五年的大秦王朝灰飞烟灭。草根出身的刘邦趾高气扬地进入大秦皇宫,挺胸叠肚,仿佛要将满满的欢乐从眼睛里溢出来,东摸摸,西看看,一脸的猪哥样,唯恐这是南柯一梦。旁边的大将樊哙看到这一幕,撇撇嘴,上前劝阻道:"主公,现在天下还没有平定,强敌还在周围环伺,可不是享乐的时候啊!"刘邦摆摆手,说道:"没事,没事,咱们都打败秦朝了,还怕谁?好容易来了,不享受一番怎么对得起自己?"樊哙眼见劝不动,就找来了张良。张良面见刘邦,痛陈利害,刘邦这才意识到自己犯了严重的错误。

斩白蛇·大风歌
Zhanbaishe·dafengge

青史流光：跨越时空的那些人

杀人者死，伤人及盗抵罪。

我是来解救大家的，我跟大家约法三章。

约法三章

刘邦有个最大的优点,那就是有错即改。他立刻命令所有部队撤出咸阳,封锁府库。没有取一枚珍宝,没有带一个美女,老老实实地驻扎于霸上,静观风云变幻。同时召集咸阳附近的父老豪杰,宣布道:"秦法严苛,大家苦不堪言。今日我来,尽数废除旧法,只约法三章:杀人者死,伤人及盗抵罪。大家也不用担心,我是来解救大家的,而且我来咸阳前就已经和诸侯们定好规矩了,先入关中者为王,所以我现在本应当为秦王。但是,我目前得等诸侯一起来才能履行这个约定。"秦人大喜,争相贡献酒食,但刘邦约束部队,分毫不取。这使得一直害怕刘邦大开杀戒的秦人更加喜欢刘邦了,唯恐他不当未来的秦王。

项羽反击

刘邦之所以要退出咸阳，真正的原因在于他意识到自己马上要面临重大的危机。要知道，当前实力最强大的诸侯并不是攻陷咸阳的刘邦，而是那位北上救赵的项羽。不久前，项羽通过巨鹿之战，不仅解除了赵国所受威胁、逼降了秦朝主将章邯，甚至在一夜间坑杀了投降的二十万秦国精锐部队，端的是威风凛凛、杀气腾腾。听闻刘邦抢先进入咸阳，想起楚怀王当初的许诺，项羽就跟吞了个苍蝇一样难受，心高气傲的他怎么能够容忍昔日还在项家军中唯唯诺诺、仰其鼻息的刘邦摇身一变，成为和自己平起平坐的秦王呢？于是，项羽挥军直逼咸阳，不费吹灰之力就攻陷了咸阳门户——函谷关，屯兵于新丰鸿门地界，誓要消灭刘邦主力。

项伯周旋

　　大兵压境下,刘邦手下的左司马曹无伤见异思迁,想要背叛刘邦,投靠项羽。于是他派人偷偷去见项羽,告密说刘邦想要在关中称王,不仅封原来的秦王子婴为相国,邀买人心,而且把秦国的宝藏全都吞没了。听闻此小道消息,盛怒之下的项羽叱骂连声,命令部队连夜准备,明天拂晓就对刘开战。而茫然不知被人上了眼药的刘邦还在大帐中琢磨怎么从项羽手中谋取最大利益,却不料项羽已经向他举起了屠刀。危急时刻,项羽的小叔叔项伯,因为刘邦谋士张良曾经有恩于他的缘故,跑来向张良通风报信,让张良随他快逃。张良不肯背信弃义,毫不犹豫地去大帐面见刘邦,陈述此事。刘邦听闻噩耗,大惊失色。

拉拢项伯

张良示意刘邦稍安勿躁，让刘邦请项伯进大帐，殷勤地予以招待。席间，刘邦向项伯解释了自己派兵封锁函谷关的缘由是为了稳定秩序，而在咸阳城里也秋毫无犯，就是为了把咸阳城完整顺利地转交给项王。项伯是个老实人，看刘邦说得情真意切、满脸委屈，就相信了他，让他明天自己赶紧去向项羽解释清楚。刘邦诺诺连声，又殷勤地劝其饮酒，酒酣耳热之际，还和项伯结为了儿女亲家。项伯喝得高兴，答应回去之后亲自为刘邦先美言一番。刘邦大喜，更加满面堆笑地款待项伯。等项伯走后，刘邦与张良商议了一番，觉得此事不面见项羽解说一番，恐怕难以善了。于是决定翌（yì）日轻装简行，亲自拜会项羽。

斩**白**蛇・大风歌・刘邦

鸿门交锋

次日,刘邦、张良带着樊哙等百余人赶赴鸿门拜会项羽。甫一见面,刘邦就低三下四地向项羽请罪:"大王,您和我一起并力攻秦,我侥幸能够先入咸阳,哪敢妄自尊大、称王称霸?这是有小人在进谗言啊!"说罢,痛哭失声。项羽一看刘邦这么可怜兮兮,满腔怒火霎时烟消云散,反倒不好意思起来。他亲自扶起刘邦,温言说道:"哎呀,都是你手下的曹无伤跟我说的,不然我怎么会认为你背叛我呢?"刘邦心里暗暗发狠:"曹无伤,你这个吃里扒外的家伙!"但脸上神色不变,还是一副委屈巴巴的样子,言道:"哎呀,那曹将军一定是误会了我,他对您可真是一片忠心啊!"项羽仰天大笑,邀请刘邦和张良留在大帐中宴饮。

项庄舞剑

　　宴席上，刘邦不断恭维项羽，项羽越发心花怒放，对刘邦早已没有了杀意。可是项羽手下的第一谋士范增识破了刘邦的示弱之计。他果断命令手下大将项庄以席间舞剑助兴为由，伺机刺杀刘邦。只要造成既成事实，纵然以后项羽怪罪，也总算为本方除掉了心腹大患。一时间，宴会上剑光闪闪，杀意纵横，刘邦吓得亡魂大冒。关键时刻，项伯不想让双方反目成仇，赶紧跳起身来，和项庄一起舞剑，并用自己的身体庇(bì)护刘邦。项庄虽然无奈，但并未收手。而项羽坐在上方只是津津有味地看二人舞剑，并未出言制止。张良情知事情不妙，项羽恐怕又有杀意，但只是一时间下不了决心而已，所以才有放纵项庄之嫌。

青史流光：跨越时空的那些人

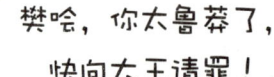

樊哙，你太鲁莽了，快向大王请罪！

樊哙闯帐

张良悄悄走出帐外，招手换来了刘邦的保镖——猛将樊哙，焦急道："现在项庄舞剑，意在沛公，事情非常紧急。"樊哙慨然道："我进帐去解决此事。"一转身，他右手持剑，左手抓盾，昂然入账。门口的士兵想要阻拦，被他用盾牌一撞，顿时四脚朝天。一进大帐，樊哙也不说话，只是怒视项羽，头发上指，目眦（zì）尽裂。项羽按剑而起，惊问何人。张良诚惶诚恐道："是我家主公手下不懂礼数的护卫樊哙。"项羽最是欣赏勇士，见樊哙雄壮，就赐斗酒生肉给樊哙。樊哙毫不推辞，拔剑斩肉，大口啖肉，大口饮酒。项羽被樊哙的豪爽生猛之风所吸引，越发喜欢。樊哙乘机责备其不该为难自家主公，项羽不置可否，只是邀请其就座。

五人逃命

　　刘邦又坐了一会，借口要上厕所，招呼樊哙、张良一起溜了出来。刘邦想要先行离开险境，可又顾虑如果进帐请辞，万一项羽不答应怎么办。樊哙急道："主公啊，成大事者，哪还顾得上这种婆婆妈妈的礼节，如今人为刀俎，我为鱼肉，赶紧逃命要紧。"刘邦点头称是，只好命令张良留下来应付，自己则带着樊哙等人先走。张良点头允诺，让刘邦留下带给项羽和范增的礼物，赶紧离开。刘邦嘱咐道："从这里到咱们军营不过二十里，你千万估计我快到大营了再进帐见项羽啊。"说罢，也不敢招呼其他人马，唯恐惊动项羽，只是带了樊哙、夏侯婴、靳强、纪信四人，仓皇逃离。一行人也不敢走大路，只捡偏僻小路而行。

斩白蛇·大风歌·刘邦

青史流光：跨越时空的那些人

大封诸王

等到刘邦逃回军营，第一件事情就是把二五仔左司马曹无伤揪了出来，斩首示众。刘邦满心焦虑地等待张良等人回归，唯恐自己先走让项羽迁怒于这些人。所幸，虽然范增极为愤怒，但是项羽并不打算跟刘邦翻脸，所以也没有为难张良等人，收下了礼物后，就放他们离开了。搞定了刘邦，项羽兵进咸阳，杀子婴，焚秦宫，倒行逆施，惹得秦人大为愤慨。但项羽志满意得，哪管这些人的想法。他俨然以皇帝自居，分封诸王。为了防范刘邦，把刘邦封为了汉王，封地放在难以进出的巴蜀地带，又分封三个投降的秦朝将领章邯、司马欣、董翳（yì）于原秦国故地，就近监视刘邦，而自己则号称西楚霸王，打算回到老家江东地界。

委屈入蜀

　　刘邦眼看着自己攻破咸阳的胜利果实被人轻松夺走，也只能徒呼奈何，忍气吞声地带兵去往巴蜀地带。一路走，一路命人烧毁了身后的栈（zhàn）道，意在告诉忌惮自己的项羽，我老哥以后就老老实实待在川蜀地带了，不用担心我造反。项羽看到刘邦这么知情识趣，大喜，也不在咸阳久呆，很快就启程返回老家了。项羽的分封导致诸侯间矛盾重重，许多诸侯对项羽的决策也深为不满。很快，齐地的田荣就举起了反旗，赶走了项羽分封的齐王。刘邦不甘人后，也找机会拜韩信为将，明修栈道，暗度陈仓，乘秦地三王疏于防范，一举将其攻灭，重返关中。项羽听闻后暴跳如雷，但一时不知道该去攻齐还是灭汉。

斩白蛇·大风歌·刘邦

翻脸毁诺

正在这时，项羽收到了一封张良写来的信。张良言辞恳切地说道："我家主公本来就得了关中，最后不得不撤出来，实在是心痒难耐，一时忍不住，就又夺了回来。请您放心，这是最后一次了，我们占领了关中就是最大的心愿，绝对不会再东进了。"项羽听信了这个谎言，加上刘邦在他心目中就是个懦弱胆小的老实人，遂不再视汉为劲敌，而是将主要精力都放在了齐地平叛乱上。可是齐地叛军非常难缠，而项羽在平叛过程中，又总是干大失民心的事，导致叛乱总是一波未平，一波又起。项羽深陷泥潭，焦头烂额。刘邦一看项羽顾不上自己，当即翻脸毁诺，出关东进，而且还打了一个正义的旗号——为被项羽杀死的楚怀王报仇。

骄傲轻敌

刘邦打出这个旗号后,其他对项羽不满的诸侯也纷纷响应,反楚攻项声势顿起。刘邦集合了五十六万联军一举攻陷了项羽的领地彭城。羽翼丰满的刘邦得意洋洋,心想:"原来力能扛鼎的项羽不过尔尔,没什么可怕的。老巢都丢了的项羽还能翻起什么浪花,享受的时机到了。"于是也不想着怎么治理彭城,而是和诸侯们通宵饮酒,寻欢作乐。可惜,项羽毕竟是项羽,这西楚霸王的名号不是白来的。项羽听闻彭城失陷,立刻率领三万人马从齐地星夜兼程回师,一到战场,人不卸甲,马不去鞍,立刻投入战斗。当真是虎入羊群,数十万联军连像样的抵抗都没来得及组织一次就一哄而散。骁勇无比的项羽深恨刘邦,带兵紧追不舍。

斩白蛇·大风歌

青史流光：跨越时空的那些人

弃子逃跑

刘邦仓皇逃窜，路上遇到了自己的儿子和女儿，赶紧一起拉上车走。可车上人一多，就行速变慢。刘邦咬咬牙，一狠心将自己的儿女推下了车。旁人都惊呆了。部将夏侯婴跳下车，将哇哇大哭的两个孩子又抱了上来。刘邦气得直跺脚，又把孩子推了下去，夏侯婴不声不响地又抱了起来。如是者三，刘邦拗(niù)不过夏侯婴，只好听之任之。幸运的是，最终还是带着孩子一起逃脱了。不过自己的老婆吕雉和父亲刘太公却落入了敌手。等到了荥(xíng)阳，这场追击才告一段落。项羽带兵围困荥阳，展开了围城战。彭城惨败让刘邦醒悟过来，自己跟项羽的差距不是一点半点，想要跟项羽比勇力，实在是差得太远。

织网围项

　　既然不能斗力，就只能斗智。大军压境下，刘邦手下一众谋士绞尽脑汁，想办法解决被困的局面。他们首先设计铲除了项羽的唯一谋士范增，接着让纪信假扮刘邦出城投降，而刘邦则乘机逃离荥阳，远离危地。随后在荥阳陷落后，又先后屯兵巩县、成皋，坚壁清野，面对项羽要烹杀刘太公的威胁以及不堪入耳的屡屡骂阵，坚决当缩头乌龟。最后，又秘密派人突出重围，去联络项羽后方的反楚将领，如彭越、英布等人，袭扰项羽后方。连番打击下，空有勇力的项羽被刘邦牵着鼻子走，来回奔袭解围，虽然偶有大胜，但顾此失彼之下，粮草渐渐不济，士兵们也疲惫不堪。汉军仿佛蛛网一样黏住项羽，任其奋力挣扎也不能逃脱。

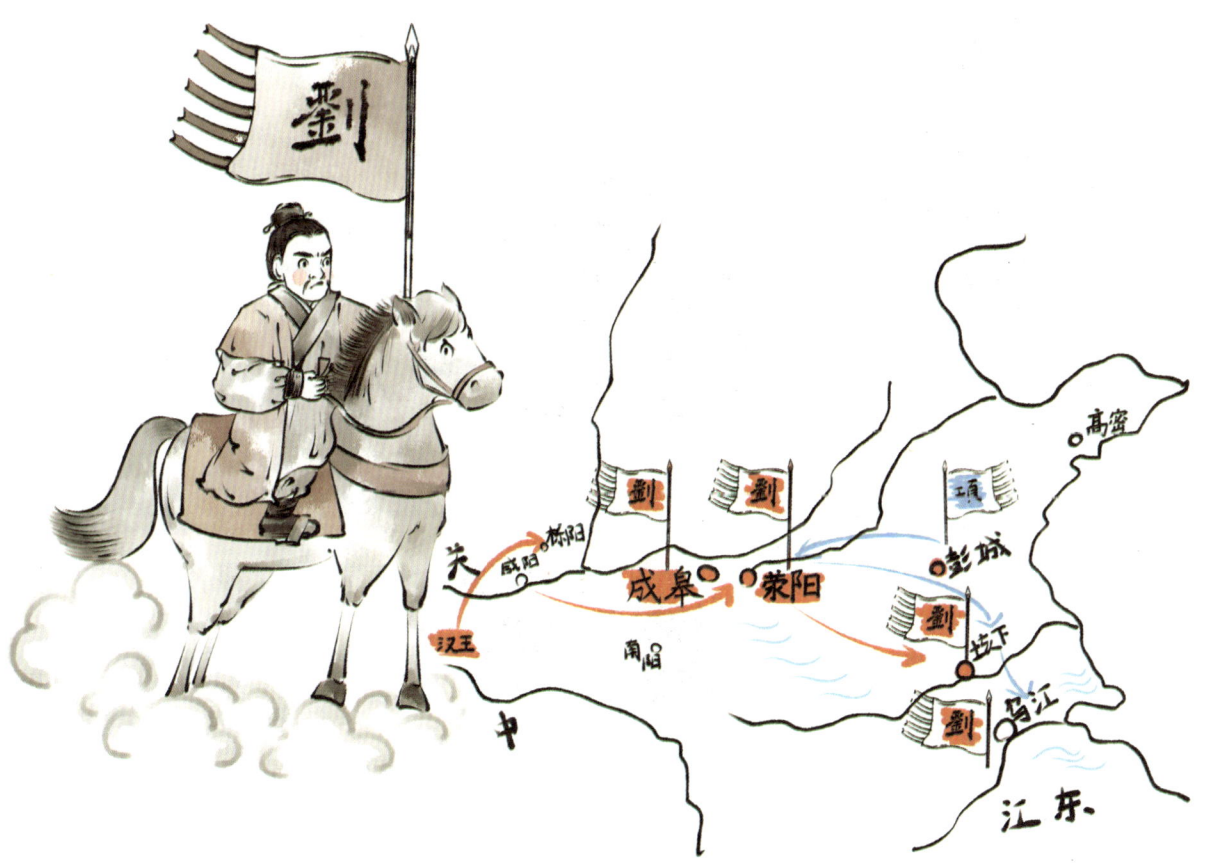

斩白蛇·大风歌·刘邦

青史流光：跨越时空的那些人

刘邦功成

无奈之下，项羽只能主动向刘邦求和，双方约定以鸿沟为界，中分天下。刘邦本也想适可而止，就此罢手。可手下的谋士陈平、张良坚决不同意，认为此刻项羽山穷水尽，正需乘胜追击，决不能放虎归山。于是，刘邦在项羽撤去前线军队后，立刻毁约，一面派大军衔尾而追，一面去信让英布、彭越等人前方拦截。边走边战的楚军渐渐不敌，疲于奔命，被动地化解着汉军没完没了的打击，士气低落到极点。几经变故，汉军十面埋伏终于在韩信的指挥下将威猛的西楚霸王连同两万楚军层层围困于垓下。项羽投降不能，突围不愿，只能在滚滚乌江河畔自刎而亡。四年的楚汉相争，刘邦以弱胜强，笑到了最后。

刘邦建汉

刘邦平定天下，各诸侯商量尊请其即皇帝位。刘邦心痒难耐，但却假意推辞，就是不肯答应。大家纷纷劝谏，道："大王虽然出身微寒，但统帅众人兴义师，诛暴秦，定天下，安百姓，功盖诸侯，称帝乃理所当然之事。"刘邦再次推辞，众人再次恳请。三次之后，刘邦露出一副勉为其难的样子，道："**既然大家这么恳切，为了天下，我就辛苦一下吧。**"遂登皇帝位，定国号为汉，因其死后庙号加谥（shì）号为太祖高皇帝，因此后世常称其汉高祖。刘邦定都长安（今陕西省西安市），取长治久安之意，立吕雉为皇后，长子刘盈为太子，改封当初的齐王韩信为楚王、彭越为梁王、英布为淮南王，其他四个反秦诸侯也都保留了原来的王号。

我大汉帝国今天就算稳固了。

斩白蛇·大风歌·刘邦

青史流光：跨越时空的那些人

萧何抛家舍业跟着我，容易吗？

我们也一样啊！！

封赏萧何

刘邦分封诸侯结束,又分封手下一众将领。大家纷纷夸功,只有萧何默不作声。刘邦暗暗点头,大声宣布萧何功劳第一。诸将不解:"我等披坚执锐,攻城野战,舍生忘死,怎么功劳反倒不如萧何这种舞文弄墨的文官呢?"刘邦直言到:"诸位可知道打猎吗?"众人不明所以。刘邦续道:"那诸位知道猎狗吗?每当打猎的时候,猎狗就是跑在前面追咬猎物的工具,而发出指示的,是后面的猎人呀。在我看来,你们都是功狗,萧何乃是功人。而且当初追随我时,你们怕牵累家人,都是独身而来,或者最多带两三人而来。可萧何是带着整个家族来投靠我的,这种信任我是不会忘记的。"众人大悟,不复言语。

善用三杰

刘邦又封赏了曹参、樊哙、张良、周勃等良臣猛将，然后召集大家宴饮庆贺。席间，刘邦酒意上涌，问大家："诸位请说实话，为何我能打败项羽呢？"安国侯王陵等人说："大王虽然总是轻慢诸人，而项羽看起来更加仁爱客气。但实际上陛下更愿意与大家一起分享胜利果实，而项羽却嫉贤妒能，甚至害怕别人有功，这才导致了他失败。"刘邦摇摇头："诸位但知其一，不知其二。要说出谋划策，运筹帷幄，决胜千里，我不如张良；镇守国家，安抚百姓，保障后勤，我不如萧何；统率三军，攻城则破，野战则胜，我不如韩信。这三人，都是当世之人杰，我能善用。而项羽有一范增而不能用，所以失败呀。"众人叹服。

斩白蛇·大风歌

礼孝两全

刘邦转头又问他的老父亲刘太公，道："您以前总是说我不如二哥刘仲勤快，是个无赖，如今看来，到底是二哥更富裕还是我更富裕呢？"说罢，众人皆笑。刘太公面红耳赤，不知该怎么对答。玩笑归玩笑，刘邦对太公还是非常孝顺的，纵然做了皇帝，还是每五天就去向太公请安问好。有人劝太公，说这样不好。皇帝虽然是你儿子，但也是天下共主，那么你也就是臣子，这样让皇帝来请安，不成体统。刘太公醒悟过来，等刘邦再来的时候，就坚决不肯让刘邦行礼。刘邦问明了原因，想了想，就下了一道诏书，尊刘太公为太上皇。这样一举两得，既维护了皇帝的尊严，也不违孝道，刘邦再向太公请安就顺理成章了。

软禁韩信

汉朝虽然建立,但实际上内外部仍不安定,主要原因在于刘邦对以楚王韩信为首的七个异姓王深怀戒惧,而这七王内心深处也常有担忧。果然,汉朝立国不久,燕王臧荼(zāng tú)就起兵反叛,高祖率兵亲征,擒斩臧荼。之后,封自己极为信任的发小、太尉卢绾(wǎn)为新的燕王。很快,又有人密报楚王韩信谋反,刘邦惊惧。陈平献计让其伪游云梦,等韩信来参拜时乘机擒拿。刘邦依计而行,果然捉下了韩信,但此时并无韩信谋反实据,只好先将其封号取消,降为淮阴侯,软禁京城。同时,为了让原来的韩王信远离战略要地,将其封地改到晋阳。而韩王信感知到了刘邦的不信任,主动上书将封地改到马邑,以抵御匈奴。

青史流光：跨越时空的那些人

白登之围

　　刘邦答应了韩王信的请求。但不久就生出来更大的疑惑，因为韩王信在与匈奴作战中，屡屡战败，屡屡派人向匈奴求和，所以有通敌嫌疑。于是刘邦派人对其进行责备。韩王信害怕了，既然皇帝不信任，还不如真的将马邑献出，投靠匈奴。匈奴的冒顿（mò dú）单于闻讯大喜，挥师南下，打算和韩王信合兵一处，共谋晋阳。刘邦无奈，只好再次率军出征。汉军初战告捷，打跑了韩王信，又多次击败匈奴，遂乘势追击，直到平城（今山西省大同市）。不想匈奴败退乃诱敌深入之计，刘邦急于获胜，不察中计，被匈奴围困于白登山，内无粮草，外无救兵，差点全军覆没，幸有陈平献计贿赂了冒顿单于的老婆，赖其美言，方才逃脱。

贯高合谋

　　刘邦大败亏输，回军途中，路过了赵国。此时汉朝初年时分封的赵王张耳已经去世，继承爵位的是他的儿子张敖。张敖同时也是刘邦长女鲁元公主的丈夫。面对自己的老丈人刘邦，张敖执礼甚恭，但刘邦因战败非常不快，就对张敖横挑鼻子竖挑眼，喝骂不止。结果惹得张敖手下以相国贯高为首的一众张耳时期留下的老臣非常愤怒。他们认为主辱臣死，遂密谋背着赵王联合起来刺杀掉刘邦。不料消息走漏，刺杀未成，这些人连同赵王张敖都一并被捕。大刑伺候下，贯高一口咬定是自己所为，跟赵王毫无关系。刘邦非常欣赏贯高，认为其是义士，就将他连同赵王一起释放了。不过赵王王爵已除，被降为宣平侯。

韩信临终可有遗言？

他说很后悔没早点造反。

青史流光：跨越时空的那些人

蒯通之辩

不久，新的赵国相陈豨（xī）在淮阴侯韩信的撺掇（cuān duo）下，被逃奔匈奴的韩王信策反，起兵反汉。刘邦只能起兵平叛。等斩杀陈豨回朝后，发现勾结陈豨的韩信已经被吕后设计诛杀，刘邦既高兴，又惋惜。问吕后："韩信临终时可有遗言？"吕后道："有。曾说：'恨不用蒯（kuǎi）通之计。'"蒯通曾是韩信的谋士，楚汉相争期间，一度劝说其背汉自立，但韩信始终不肯。刘邦命人捉来蒯通，追问其教唆之罪，要把蒯通烹杀。蒯通辩解道："狗对着尧大叫，不是因尧不仁，只是因为不是它的主人而已。我当初也是各为其主罢了。而且秦末群雄并起之时，想杀陛下的多如牛毛，难道您现在都要一一烹杀吗？"刘邦默然，放过了蒯通。

歌咏大风

连续几次反叛让刘邦对异姓诸侯王更加不信任，而剩余的诸侯王也惴惴不安，在这种君臣互相猜疑的压力下，梁王彭越谋反，被诛杀。继而，淮南王英布谋反，刘邦只得再次亲征，大破英布。接连的反叛，让刘邦身心俱疲。路过自己的老家沛县时，兴起了怀乡之情。他驻跸（bì）于此，招来昔日的家乡父老、儿时伙伴，一起畅饮怀旧。在乡亲们面前，刘邦忍不住一边击筑，一边高歌："大风起兮云飞扬，威加海内兮归故乡，安得猛士兮守四方。"曲调悲怆，刘邦起而舞蹈，潸（shān）然泪下。刘邦下令免除了沛县的赋役，而他的出生地丰邑却因当年的雍齿叛乱，不予免除。还是在沛县父老的一再恳求下，刘邦才最终同意丰邑跟沛县享有同等待遇。

斩白蛇·大风歌·刘邦

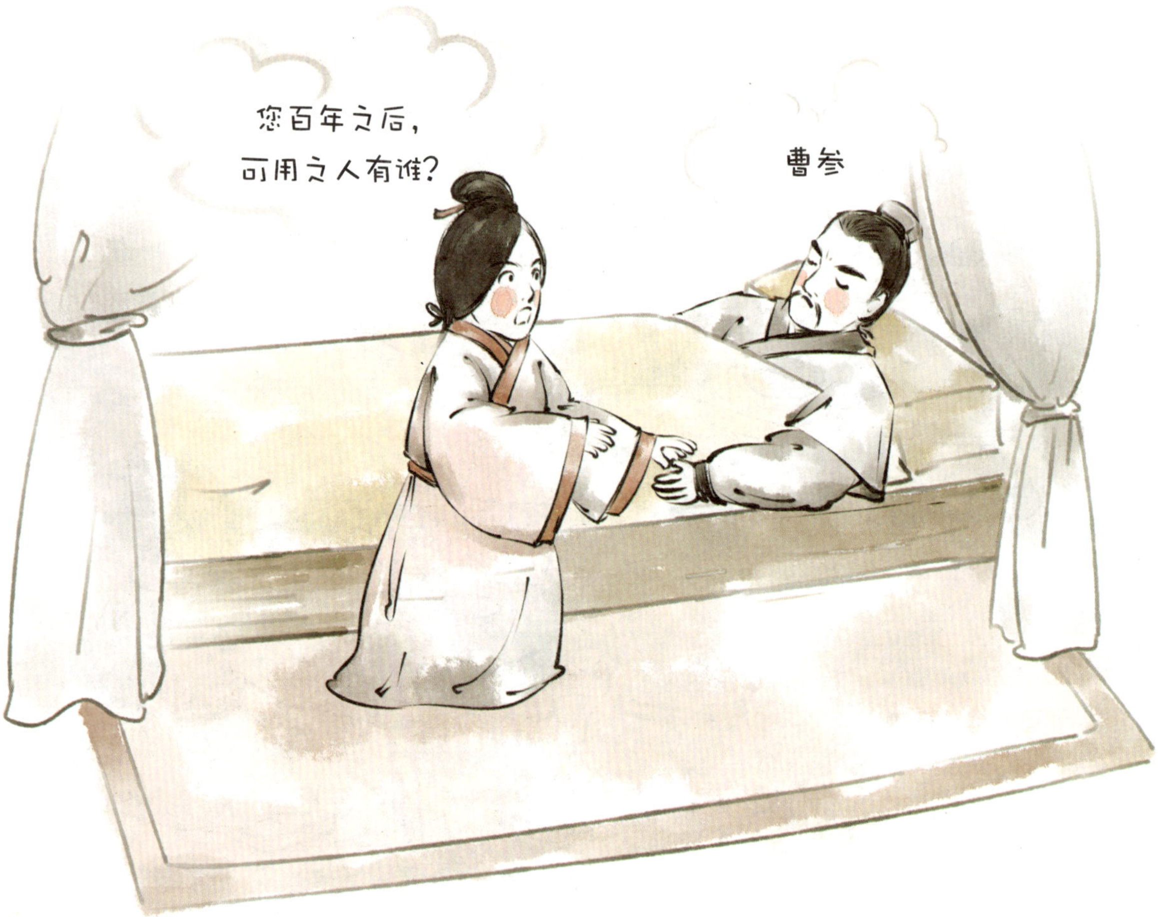

临终识人

刘邦在沛县停留欢饮十几日,返回长安。而此时的英布已经被人斩杀于鄱(pó)阳。岂料北方又传来了自己的儿时发小、新任燕王卢绾曾经勾结陈豨的消息,虽然实证不足,但刘邦已经不信任任何异姓王,他命令樊哙、周勃去捉拿卢绾。而刘邦因为在平定英布叛乱时被流矢射中,身体状况急剧恶化。弥留之际,吕后问他:"您百年之后,萧何如死,谁可替代?"刘邦道:"曹参。"又问:"之后呢?"答:"王陵,但王陵比较老实,必须要陈平辅助。陈平人很聪明,但是难以独当一面。周勃可以为太尉,其人厚重少文,日后安定刘氏天下的人,必为周勃。"

吕后又追问之后人选,刘邦叹息道:"我也不知道了!"

白马立盟

刘邦以生死有命为由，拒绝了良医的治疗，将生命定格在了公元前195年的六月。而面临被即将捉拿问罪的燕王卢绾听说刘邦生病，一直率众在长城下眺望，期待刘邦病好后自己可以亲自去长安解释。可是，最终传来的却是刘邦驾崩的消息。卢绾害怕被吕后像杀韩信一样清算自己，只好逃奔了匈奴，被封为东胡卢王。其在异地，却常常思念汉朝，一年后满怀遗憾地客死他乡。至此，除了长沙王吴芮（ruì）外，其他异姓王全被剪除。当初，刘邦在平定陈豨之乱时，曾杀白马与大臣们盟誓："非刘氏而王者，天下共击之。"刘邦放心地闭上了双眼，但他却不知道，他的妻子和他册封的一大堆刘姓王未来将给汉朝带来多大的灾难。

对不住啦，我还是跑吧，免得被吕后清算。

斩白蛇·大风歌·刘邦

青史流光：跨越时空的那些人

亭长出身
不喜礼节
喜怒无常

赏罚分明
见识卓绝
从善如流
广聚人才
合格的政治家

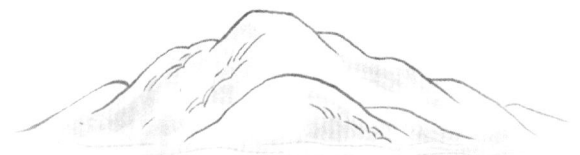

评论功过

从区区一介亭长到最后君临天下，刘邦的一生堪称传奇。其出身卑下，为人粗鄙，不喜礼节，常有侮辱毁骂他人之行，也常有为利益而不顾亲情伦理之举。当了皇帝后，大肆屠杀功臣，以致在后世留下"兔死狗烹"的恶名。但不可否认，其在暴秦废墟上建立起的大汉王朝将中国之盛名远播世界。而其高超的识人、驭人之道也让后人欣赏。诸王、群臣对其敬服有加，纵然反叛，也常因顾念刘邦恩义而犹豫不决、坐失良机。其自我认知非常准确，也善于听从别人意见，有功则厚赏，于是各类人才纷纷聚拢其麾下，甘愿为其出生入死，攻城略地。后人多以其为无赖，但实际上相比于项羽，他才是真正合格的政治家。

小小评论家

1. 总结一下刘邦有哪些显著的优点使他能聚拢人才。

　　_____

2. 刘邦为什么能够战胜勇猛绝伦的西楚霸王?

　　_____

3. 刘邦出于什么原因要处心积虑地消灭异姓王?

　　_____

4. 你认为刘邦和项羽谁更符合你心目中的英雄形象?

　　_____

5. 你能背诵得出刘邦的《大风歌》吗?

　　_____

6. 你觉得刘邦和他二哥刘仲相比,谁算成功者呢?

　　_____

文史小课堂

1. 季：古代兄弟排行时的用字。古代兄弟间按年龄大小排行，分别是伯（孟）、仲、叔、季。很多人的名或字通过这几个字就能判断出其在家庭兄弟中的排行。最典型的如三国时孙坚的四个孩子：老大孙策，字伯符；老二孙权，字仲谋；老三孙翊，指叔弼；老四孙匡，字季佐。再比如：孔子，字仲尼，说明他排行第二。西周时的伯夷、叔齐兄弟二人也是同理。这几个字也不止用于表示排行，也可引申为次序。如四季每个季节分别分成三段，并冠以三字，变成三春（孟春、仲春、季春）、三夏（孟夏、仲夏、季夏）、三秋（孟秋、仲秋、季秋）、三冬（孟冬、仲冬、季冬）。

2. 卓尔不群：本指才能、德行超出寻常，与众不同，也用来单纯强调不同。

3. 我行我素：指不受外部环境和他人影响，按照自己一贯的行事方式去做事情。

4. 亭长：秦汉时，在乡村地带，每十里设一亭。亭有亭长，负责治安警卫，管理过往旅客。属于低级官吏。

5. 飞黄腾达：飞黄，传说中的神马。腾达：上升、飞起来。比喻发迹、仕途得意。

6. 相面之术：古时候一种迷信的做法，认为可以通过一个人的外貌判断这个人的性格、命运等。

7. 骊山陵墓：即秦始皇陵。从秦始皇嬴政13岁当秦王时开始修建，直到其死后两年也未能完全竣工。工程持续了39年，最多时召集了72万人前来修建。陵墓规模庞大，气势恢宏。名震中外的世界第八大奇迹——兵马俑即出土自其陪葬坑。

8. 杀鸡骇猴：传说猴子非常怕见血，驯猴的人为了恐吓猴子，就当着猴子的面杀鸡放血。比喻通过惩罚一个人使其他人感到害怕。也作"杀鸡儆猴"。

9. 王侯将相，宁有种乎：那些称王号、封侯爵、拜将军、当相国的所谓高贵的人，难道天生就是贵种吗？这句话是陈胜、吴广在大泽乡起义时喊出的口号，充满了不甘命运摆布、奋起反抗的斗争精神。

10. 面面相觑(qù)：几个人因惊惧或无可奈何互相看着，不知道如何是好。

11. 逐鹿天下：比喻群雄并起，争夺天下。语出《史记·淮阴侯列传》："秦失其鹿，天下共逐之……"，这里以"鹿"代表帝位，意思是秦皇的帝位不保，天下群雄都开始争夺其位。

12. 接踵而至：后者跟着前者的脚后跟就出现了。本来形容来人很多，络绎不绝，现也用来比喻后来事物相对于前一事物，衔接得非常快。

13. 关中、山东六国：战国时期的秦国和六国之间以函谷关、崤山为分界线，关中指的是函谷关以西地区，属于秦国区域，其他区域称为关外。而除秦外的六国位于崤山以东，也称山东六国。

14. 高阳酒徒：即高阳这个地方的好酒之人。这是秦朝末年郦食其面见沛公刘邦时的自称，后演变为对嗜好饮酒、放荡不羁者的称呼。

15. 互为鱼水：指两人都是对方的鱼和水，比喻双方关系非常紧密。

16. 约法三章：秦末，刘邦攻入咸阳，灭亡秦朝后，废除了秦朝的苛刻法令，删繁就简，只与咸阳百姓约定了三条法令，即"杀人者死，伤人及盗抵罪"，由此获得了咸阳百姓的支持。后用"约法三章"表示订立简单的规矩，以便信守。

17. 仰人鼻息：依赖别人的呼吸才能生活。比喻无法自主，需要看人脸色行事。此词在使用时，可以根据语境进行修改，如"仰我鼻息""仰其鼻息"等。

18. 秋毫无犯：指一丝一毫都不侵犯百姓利益，常用来形容军队纪律严明。秋毫，鸟兽秋天新换的绒毛，比喻极其微小的东西。

19. 项庄舞剑，意在沛公：项庄在鸿门宴上舞剑，表面上是为宴会助兴，实际是为了刺杀沛公刘邦，出自《史记·项羽本纪》，后演变为成语，比喻说话和行动的真实意图别有所指。

20. 头发上指，目眦尽裂：头发都竖了起来，眼睛瞪得很大，眼眶都要裂开了。形容极为愤怒。

21. 诚惶诚恐：形容十分谨慎、极为害怕的样子。

22. 人为刀俎，我为鱼肉：刀俎，菜刀和砧板。别人是刀俎，我们是待宰的鱼肉，比喻生杀大权都掌握在别人手中，自己处于随时被宰割的地位。典故出自《史记·项羽本纪》。

23. 不置可否：既不说对，也不说不对，形容态度暧昧不清。

24. 西楚霸王：秦末反秦义军楚军的首领项羽自封的称号，后来成为项羽的专用称呼。称"西楚"的原因在于项羽当时定都的地方是彭城，属于战国时期楚国的西部地区。"霸"通"伯"，这是沿用春秋时期的习惯，春秋时期最强势的诸侯会称"霸（伯）"，意思是诸侯之长，如大名鼎鼎的"春秋五霸"。"王"则是沿用战国时期各国君主的称号，如战国七雄的各国君主均称王。"霸王"即这两种称号的合称，类似于"皇帝"一词的来历。

25. 运筹帷幄，决胜千里：出自《史记·高祖本纪》，原句是"夫运筹帷幄之中，决胜千里之外，吾不如子房"。这是汉高祖刘邦对谋士张良的评价。运筹，即制定策略。帷幄，即古代的军帐。整个词语意思是：（张良）在军帐中运用计谋，制定全面的作战计划，就能够决定千里之外的胜利。后世用此词形容人智慧高深，谋略出众。

人物小传

刘邦：西汉王朝的建立者，谥号太祖高皇帝，后世称汉高祖。出身微寒，本为泗水亭长。秦末大乱时，在芒砀山斩白蛇起义，从事反秦斗争。后被楚国项梁、项羽收编。项梁死后，被楚怀王任命为西征统帅，领兵率先攻入秦朝都城咸阳。因不敌项羽，故在鸿门宴后退出咸阳，进驻巴蜀。后与项羽反目，在楚汉争霸中战胜项羽，建立大汉王朝。后在平定内部叛乱时为流矢所中，不久病逝。

刘太公：刘邦之父，太公为尊称，非实名。丰邑农民，曾认为刘邦非兴旺家族之人。刘项争霸期间，曾与儿媳吕雉一同被项羽所俘。在两军对峙期间，曾被项羽绑缚，以烹杀为名要挟刘邦，后鸿沟议和时被项羽放回。入汉后，刘邦对其执礼甚恭，尊其为太上皇。为满足其思念家乡之情，刘邦命人曾在长安附近建新丰城，将原先丰邑的百姓、牲畜等迁居于此。后八十五岁而亡。

刘媪：刘邦之母，刘是冠夫姓，媪是婆婆之意，非实名。刘邦起义前已逝世。刘邦称帝后，追谥其为"昭灵夫人"，后吕后执政时期，追尊为"昭灵皇后"。生三子一女，刘邦排行第三。传说其生刘邦时，雷电交加，有蛟龙盘于其身。

刘仲：刘邦的二哥，又名刘喜。刘邦年轻时，常被父亲责备认为不如刘仲勤快。汉朝建立后，刘仲被封为代王，统辖今河北、山西一带，但在匈奴攻击下，无力抵抗，弃国而走。刘邦恼怒，削除其王位，贬为合阳侯，后忧虑而死。后其子刘濞因在平定英布叛乱中有战功，被封为吴王。刘濞为人野心勃勃，在汉景帝时，发动了"七国之乱"。

武负、王媪：沛县人，开设酒肆。刘邦为泗水亭长时，常在他们开的酒店赊账饮酒，曾言看到刘邦酒醉后有蛟龙附身。只要刘邦在店内，其酒销量倍增。每到年底，就烧毁刘邦的欠条。

秦始皇：中国历史上第一个皇帝，曾消灭东方六国，建立起第一个大一统封建王朝——秦朝。在位期间，曾巡游天下，刘邦见到其赫赫威仪，曾颇为钦羡。

吕公：刘邦岳父，其女吕雉为刘邦结发之妻。因躲避仇人而到沛县居住，善相面之术，在宴会上相中刘邦。不顾其妻反对，毅然将女儿嫁给当时还一文不名的刘邦。

萧何：西汉开国功臣，"汉初三杰"之一，本为秦朝沛县主吏掾。刘邦斩蛇起义后，辅佐刘邦夺取沛县。刘邦在前线征战时，萧何坐镇后方，为其督办后勤粮草、兵员。攻入咸阳时，不为富贵迷眼，深谋远虑，全力保存秦朝的各种地图、典籍、法令等国家档案，以免毁于战火。曾保举韩信为将，演绎出"萧何月下追韩信"的经典故事，又在韩信有谋反迹象时，设计除掉韩信，留下"成也萧何，败也萧何"的典故。楚汉争霸期间，坐镇后方，数次在刘邦惨败时，给予及时援助。汉朝建立后，被刘邦钦定为功劳第一，封酂侯，位次第一，为汉朝第一位丞相。

吕雉：汉高祖刘邦之妻，一般称吕后。刘邦早年未发迹时下嫁刘邦，刘邦起义后，一直颠沛流离，甚至在楚汉相争中，被项羽俘获，在楚国呆了很长时间。楚汉鸿沟议和，才得以回归刘邦身边。生性刚毅，诛杀汉朝有功之臣，如韩信。刘邦死后，以残忍手段害死刘邦宠妃戚夫人并杀死其子，自己的亲生子刘盈受惊吓而亡。吕后遂临朝听政，任用吕姓族人掌握朝廷大权，史称吕后专权。去世后，汉朝大臣陈平、周勃等反扑，平定了诸吕叛乱。

陈胜：秦末农民起义领袖，本为戍卒，因未能按照期限到渔阳戍守，面临酷刑，遂在大泽乡与吴广率先发动反秦起义，喊出"王侯将相，宁有种乎""伐无道，诛暴秦"的口号，建立"张楚"政权，自任楚王。后被秦朝大将章邯击败后，为其车夫庄贾谋杀。

吴广：秦末农民起义领袖，本为戍卒，与陈胜在大泽乡一起起义，曾帮助陈胜用"篝火狐鸣"的方式确立其领导地位，被陈胜任命为假王。后在攻打荥阳时，被起义军中另一个首领田臧杀害。

曹参：西汉开国功臣，原为秦朝沛县狱掾，后追随刘邦起义。身经百战，屡立战功。入汉后，被封为平阳侯。刘邦去世前曾指定其为丞相萧何的接班人，后在汉惠帝时，果然继萧何位为相国。在位期间，遵守萧何时期的法令无所更改，坚持清静无为、休养生息的大政方针，为后世的"文景之治"打下了坚实基础，也留下了"萧规曹随"的典故。

项梁：项燕之子，项羽的叔父。继陈胜吴广大泽乡起义后，带领项羽在会稽起兵反秦，并在薛县拥立楚怀王，复建楚国。战功卓著，但后来因骄傲自满被秦朝大将章邯击败身死。

项羽：本名项籍，号西楚霸王，秦末反秦起义各路人马中的主力。曾在巨鹿之战中破釜沉舟，创造了以少胜多的经典战役。勇力绝伦，力能扛鼎。但为人残忍好杀、优柔寡断，缺乏政治眼光，在楚汉相争中，逐步丧失优势，被刘邦击败，自刎于乌江。

章邯：秦朝的最后一员大将，是秦末扑灭各路起义的主要将领。曾击败陈胜、杀死项梁，消灭多路义军。但在巨鹿之战中被项羽打败，因受胡亥、赵高猜忌，被迫投降项羽。被项羽封为雍王，主政关中西部，为三秦之一，就近监视刘邦。后在刘邦进攻关中时，被击败自杀。

景驹：战国时期楚国贵族后裔。秦末农民起义时，在陈胜被害后，曾被陈胜部将秦嘉立为新的楚王。但此举触怒项梁叔侄，借口二人背叛陈胜，派英布击杀二人。刘邦斩蛇起义后，曾打算投靠景驹。

秦嘉：秦末义军将领，在陈胜起义自立为楚王后，追随起义。但不肯听从陈胜号令，矫命斩杀了陈胜所派监军武平君畔，立楚国后裔景驹为楚王，自任大司马。后被项梁遣英布击杀。

雍齿：秦朝沛县人，系刘邦同乡，刘邦起义时，曾追随反秦。但内心深处向来看不起刘邦，故在反秦诸侯魏国周市的引诱下，投靠魏国，献出其镇守的丰邑。刘邦对此极为痛恨，但屡次攻打都不能取胜。后刘邦从项梁手中借来精兵，方才赶走雍齿。后雍齿最终又归顺刘邦。刘邦念其有功，不愿诛杀，但内心深恨。在汉朝建立、封赏诸将时，很多人都担心曾经有过错而被追究。张良献计让刘邦封赏其最为痛恨的雍齿，这样大家就不再疑惧了。于是刘邦封其为什邡侯，其他人看到雍齿都能获封，就不再担心了。刘邦曾经免除沛县徭役、赋税，但因丰邑人曾追随雍齿叛变，所以不肯给予其出生地丰邑同等待遇，后经沛县父老劝说，方免。

楚怀王：名熊心，本为战国时楚国贵族，秦灭六国后隐匿民间放羊。秦末各路义军起义后，被项梁找到，拥立为王，但并无权力。曾派遣项羽北上救赵、刘邦西征，并和反秦义军的各将领约定："先入关中者为王。"最终刘邦先入，导致项羽大怒。鸿门宴后，项羽分封诸侯，熊心被尊为"义帝"，但不久就被项羽派英布等人杀害。刘邦遂以此为旗号，号召诸

侯反楚，由此拉开了楚汉相争的序幕。

李由：秦朝将领，丞相李斯之子。秦末农民起义之时，任三川郡守，阻挡起义队伍，曾屡次击败陈胜、吴广。但未能阻止起义军队伍扩大，赵高乘机诬陷李斯、李由父子与义军勾结，导致李斯被杀。而李由领兵在外，幸免，但不久被义军破城，为刘邦手下曹参斩杀。

宋义：原为楚国令尹，秦末参加反秦起义，投奔项梁麾下，曾劝项梁不可骄傲，但被排挤。后被楚怀王熊心赏识，成为上将军，号卿子冠军，带领项羽等出兵救赵，中途被项羽杀死。

郦食其：战国末期出生于魏国，秦末为陈留门吏，桀骜不驯。秦末起义后，不喜其他诸侯，唯独欣赏刘邦的恢弘大度，遂亲身求见，成为刘邦座上宾。后又为刘邦招来其弟郦商及四千余人，被刘邦赐封广野君。

楚汉相争期间，在韩信攻略齐地未果下，只身前往齐国，游说齐王田广投降汉王刘邦。田广答应投降，但韩信不满郦食其凭口舌拿下齐地，执意进攻齐国，导致田广认为被郦食其所骗，烹杀之。

郦商：郦食其之弟。汉朝将领，追随刘邦参与反秦起义、楚汉之争，战功卓著。汉朝建立后，又参与平定燕王臧荼、赵相陈豨、淮南王英布等人叛乱，曾任右丞相，封列侯。

张良：西汉开国功臣，"汉初三杰"之一。刘邦手下最为重要的谋士，刘邦称他"运筹帷幄之中，决胜千里之外"。原是战国时期韩国贵族，秦灭六国后，曾趁秦始皇巡游天下时，在博浪沙予以刺杀，但失败。逃亡后得遇黄石公，被授《太公兵法》，深明韬略，足智多谋，追随刘邦兴汉灭楚。汉朝建立后，被封为留侯，很快辞官退隐，不知所踪。张良是中国历史上以智慧闻名后世的代表人物之一。

子婴：秦朝最后一个统治者，二世胡亥后，秦国实力大减，已不能称帝，故去帝号，称秦王。奸臣赵高在关外反秦起义高涨之时，杀死昏君秦二世，立子婴为王。子婴对赵高深恶痛绝，设计将其杀死。不久，刘邦攻入关中，子婴出城投降，秦朝灭亡。后子婴被项羽杀死。

樊哙：秦末汉初刘邦手下重要将领、开国元勋。早年贫寒，曾以屠狗为业。后拥戴刘邦在秦末起兵反秦。作战勇猛，功劳卓著，深得刘邦信任。曾在鸿门宴上怒斥项羽，项羽对其甚为欣赏。又以"大行不拘细谨，大礼不辞小让""人为刀俎，我为鱼肉"的理由说服刘邦在鸿门宴中不辞而别，逃离险境。后又随刘邦征伐各路诸侯，建立汉朝。入汉后，又协助刘邦剪除异姓王，平定其他叛乱，因功封为舞阳侯，曾任大将军、左丞相等职。

曹无伤：刘邦手下汉军左司马，在刘邦先于项羽入咸阳引起随后而来的项羽愤怒时，试图投靠项羽，派人向项羽说刘邦坏话。后在鸿门宴上，项羽将此事告知刘邦。刘邦回营后将其斩杀。

项伯：西楚霸王项羽叔叔，跟随项羽进入关中。在鸿门宴前因为张良有恩于己，故向刘邦一方通风报信，说明项羽想要进攻刘邦的谋划。刘邦通过种种手段拉拢了项伯，使其不仅在鸿门宴前替刘邦在项羽前说好好话，更在鸿门宴上当项庄想要刺杀刘邦时，挺身而出，替刘邦挡住了所有攻击。楚汉相争后，项羽败亡，项伯被刘邦封为射阳侯。

范增：秦末项梁项羽义军的主要谋士，曾在薛县会议中建议项梁拥立楚怀王，参与巨鹿之战，被项羽尊为"亚父"。在鸿门宴中竭力主张杀掉刘邦，但未能成功。后被刘邦谋士陈平施展反间计，导致被项羽猜忌，气愤离开。

项庄：西楚霸王项羽兄弟。曾在鸿门宴上受"亚父"范增所令，席前舞剑助兴，伺机刺杀刘邦，但为其叔叔项伯所阻，未能成功。只留下一句相关成语："项庄舞剑，意在沛公。"

夏侯婴：西汉开国功臣。原任沛县厩司御，与刘邦为好友。刘邦举事后，追随刘邦东征西讨，战功卓著。其擅驾兵车，作战勇猛。曾在刘邦败逃，数次想要抛弃自己和吕后的子女，也就是未来的汉惠帝和鲁元公主时，出手相救。纵被刘邦归罪也不放弃。因功被封昭平侯、汝阴侯。曾向萧何举荐韩信，也曾参与平定臧荼、韩王信、陈豨、英布等诸侯王叛乱，长期任太仆之职，经汉高祖、汉惠帝、吕后、汉文帝四个时期。为感激其保护子女，吕后曾赐其靠近皇宫的一等宅地，并命名为"近我"。

靳强：战国时楚国后裔。西汉将领，曾跟随刘邦参加鸿门宴，为护卫。楚汉之争中，有战功，获封汾阳侯。因其楚人身份，任南郡太守，以秦时惯例治理南郡，颇有成效。

纪信：追随刘邦的将领，曾以护卫身份参与鸿门宴。后楚汉争霸时，刘邦被项羽围困于荥阳。纪信献计，让刘邦假意投降，实则趁乱逃走，而自己则假扮刘邦吸引楚军注意力。刘邦依计而行，得以逃走。项羽发现受骗后，恼羞成怒，烧死了纪信。因其忠勇，后代常为其立庙祭祀。

司马欣：原为秦朝栎阳县狱掾，项羽叔父项梁曾因犯法被抓，司马欣放过了他。秦末辅佐章邯镇压义军，在巨鹿之战中跟随章邯投降项羽，后被项羽分封为塞王，统治关中地区东部，为三秦之一。刘邦进攻关中时，投靠了刘邦，但后来项羽势大，又复投项羽。最终在成皋之战中被打败，自刎而死。刘邦对其反复无常极

为痛恨，攻占栎阳后，又将其斩首一次。

董翳：秦朝都尉，秦末辅佐章邯镇压反秦义军，巨鹿之战中劝说章邯投降项羽，后被项羽封为翟王，管理关中北部，为三秦之一。刘邦进攻关中时，投靠了刘邦，但后来项羽势大，又复投项羽。最终在成皋之战中自刎而死。（注：《史记·高祖本纪》和《史记·项羽本纪》中对其结局记载不同。）

田荣：战国时期齐国宗室，秦末举行反秦起义，与其兄田儋复辟齐国。田儋为齐王，后田儋被秦将章邯击败身死。齐人另立田假为齐王，田荣不满，赶走田假，另立田儋之子田市为齐王。后因不愿出兵帮助项羽，引起项羽不满，在分封诸王时，不肯封田荣为王。田荣愤怒，不仅杀死了被项羽改封为胶东王的田市，而且自立为齐王。项羽带兵讨伐，田荣被杀死。但其弟田横矢志报仇，继续反抗项羽，从而使项羽深陷齐地战争，间接给了刘邦占领关中、争霸天下的机会。

韩信：西汉开国功臣，"汉初三杰"之一。少时贫穷，常受人接济，也曾受胯下之辱。秦末乱世时，曾投靠项羽，但不得重用，后投奔刘邦，也不得重用，幸亏刘邦手下萧何慧眼识人，竭力向刘邦举荐，遂被刘邦拜为大将军。在楚汉相争中，夺三秦、破魏赵、灭燕齐，直到垓下之战全歼项羽，从无败绩，被刘邦称"战必胜，攻必取"。后世称其为"兵仙"。但其居功自傲，引起刘邦不满。刘邦先借伪游云梦，擒拿韩信，并将其爵位由楚王降为淮阴侯。后吕后与萧何合谋将韩信杀死。

彭越：秦末汉初名将，西汉开国功臣，与韩信、英布并称汉初三大名将。秦末举行反秦起义，后与刘邦合作，经常在项羽背后发动叛乱，开展游击战争，并参与垓下围困项羽的战斗，协助刘邦赢得楚汉战

争的胜利。西汉建立后，封为梁王，后在刘邦剪除异姓王行动中被诛杀。

英布：秦末汉初名将。因受过黥刑，故也称"黥布"。秦末起义中，追随项梁、项羽，战功赫赫，被项羽封为九江王。在楚汉相争中，背楚归汉，辅佐刘邦打败项羽，封为淮南王，与韩信、彭越并称汉初三大名将。后因谋反，被汉高祖诛杀。

陈平：西汉开国功臣，封曲逆侯。少有大志，曾在项羽帐下任职，后投奔刘邦。在楚汉相争中，曾设计离间项羽和其谋士范增之间的关系，导致范增负气出走，从而削弱了项羽的实力。汉朝建立后，为剪除异姓王威胁，曾建议刘邦伪游云梦，逮捕韩信。刘邦被匈奴围困白登山，曾献计重金贿赂单于阏氏，促使匈奴把包围圈打开一角，刘邦才得以逃脱。吕后专权时，陈平被削夺实权，吕后死后，联合周勃平定诸吕叛乱，汉朝得以安定。

刘盈：汉朝第二任皇帝汉惠帝，是刘邦与吕后所生嫡长子，为人仁慈，刘邦建立汉朝后，立为太子。因刘邦喜新厌旧，宠爱戚夫人，而生废长立幼之心，打算废掉刘盈，改立与戚夫人所生如意为太子。但此举遭群臣反对，张良献计于吕后请来"商山四皓"辅佐刘盈，方得巩固太子之位。刘邦死后，吕后欲加害如意。刘盈多方维护，但终不能保全如意性命。吕后又加害戚夫人，将其施以酷刑，做成"人彘"，刘盈惊恐，认为其母此举非人所为，不久年纪轻轻便忧虑而亡。

周勃：西汉开国功臣。与刘邦为同乡，追随刘邦起兵反秦，参与楚汉相争、平定异姓王叛乱，因功封绛侯，任太尉。为人厚重少文，刘邦临终曾预言："安刘氏者，必勃也。"后其果然在吕后专权时，联合陈平主导了倒吕行动，维护了刘氏天下。其子周亚夫也是汉朝名将，曾参与平定"七国之乱"，以治军严整、作细柳营而著称。

王陵：西汉大臣。刘邦的同乡，出身豪族。刘邦曾以兄礼事之。但王陵看不起刘邦，与雍齿交好。刘邦起义后，王陵不肯追随，独自占据南阳。楚汉相争时，项羽拉拢王陵，软禁其母。王陵母伏剑自杀，让其子归顺刘邦。汉朝建立后，刘邦记仇，不肯第一时间封赏王陵，五六年后才封其为安国侯。但刘邦对其颇为信任，刘邦临终前曾指定其为曹参之后的相国，并让陈平辅之。果然，曹参之后，王陵为右丞相，陈平为左丞相。吕后专权时，王陵不满诸吕封王，被吕后投置闲散。

臧荼：秦末反秦义军将领，本为燕王韩广的部将，后项羽分封诸侯时被封为燕王。在韩信攻破赵国时，归顺刘邦。楚汉相争结束后，依旧被封为燕王，是七个异姓王之一。但不久因刘邦捕杀项羽旧部而恐惧，遂起兵造反，被刘邦率兵斩杀。

卢绾：与刘邦系同乡，亦是同日生人，二人少年时为好友。追随刘邦起兵，历经反秦战争、楚汉相争，战功赫赫，封为长安侯，官至侍中、太尉。原燕王臧荼反叛被杀后，深得刘邦信任的卢绾被册封为新任燕王。但在赵国相陈豨自立代王，勾结匈奴造反时，首鼠两端，一面想忠于刘邦，一面又害怕刘邦诛杀功臣而与陈豨暗通消息，导致刘邦对其产生怀疑，命人对其抓捕。卢绾逃遁入匈奴，被封为东胡卢王，最终客死他乡。

韩王信：原为战国韩国贵族后裔，跟随张良入汉，曾参与楚汉战争，曾投靠项羽，复投靠刘邦，被封为韩王。后因刘邦怀疑而恐惧，投靠匈奴，引兵叛乱，导致刘邦御驾亲征，差点在白登之围中丧命。后又常常入寇汉地、攻击汉军，并引诱代地陈豨反叛。终被汉将柴武斩杀。

冒顿单于：匈奴历史上最为有名的单于之一，首次统一北方草原，建立起广袤的匈奴帝国。曾鸣镝弑父，

攫取统治权。又与韩王信等勾结，入侵汉朝，通过白登之围，差点活捉汉高祖刘邦。后又屡次背约，袭扰汉地，甚至写信给吕后，让吕后下嫁于己。汉朝虽然愤怒，但因汉初国力不足，往往采取和亲之策应对。

张耳：战国至秦末人物，原为魏国信陵君门客。秦始皇灭六国时，听闻其贤，悬赏捉拿，张耳隐姓埋名逃遁。秦末天下大乱，追随陈胜起义，先后拥立武臣、赵歇为王。巨鹿之战被章邯围困，得项羽解救。项羽分封诸将，其为常山王，引起其好友陈馀不满，被后者击败，遂投靠刘邦，协助韩信攻略赵地，因功被封为赵王，汉初病逝。

张敖：张耳之子，娶刘邦独女鲁元公主为妻，袭张耳赵王之位。白登之围后，刘邦路过赵国，张敖谦卑相待，但刘邦傲慢无礼，引起张敖手下贯高等大臣不满，欲刺杀刘邦，张敖坚决不肯行此事，痛骂诸人。贯高等绕过张敖，欲独自进行。事泄，张敖被牵连，虽然最终免于一死，但王位被除，降为宣平侯。

贯高：赵王相国，在其主张敖被刘邦侮辱时，挺身而出，想要独自刺杀刘邦。但被人告发而被捕。其深受酷刑，亦为张敖辩白，指出其并无反心，乃是自己自作主张，从而感动刘邦，将其与张敖一起释放。获释后，其称已完成为主张敖争辩的任务，无颜面对高祖皇帝，遂刎颈而亡。

陈豨：西汉开国将领，因功封阳夏侯，出任赵国相国，因淮阴侯韩信撺掇加上汉高祖的猜忌，被汉朝叛将韩王信策反，背汉自立为代王。刘邦率大军亲征，将其斩杀。

蒯通：本名蒯彻，因避汉武帝刘彻讳，后世改名蒯通，著名的辩士。辩才无双，曾为韩信谋士，在韩信进攻

齐地过程中，明知郦食其已经劝降齐王，仍旧说服韩信继续进攻，导致郦食其被齐王烹杀。又在韩信被刘邦任命为齐王后，建议韩信与项羽、刘邦三足鼎立，共分天下，而不用听从刘邦号令，但被韩信拒绝。后刘邦在吕后诛杀韩信后，得知蒯通曾劝韩信自立，遂问责蒯通。蒯通以各为其主为由，说动刘邦释放自己。

吴芮：本为秦朝官员，陈胜起义后首先率兵相应。初随项羽，被封衡山王，后在张良劝说下，归顺刘邦。汉朝建立后，被封为长沙王，明哲保身，低调处事。刘邦剪除异姓王时，唯有长沙王得以保全。其妃子毛苹，是历史上著名的才女，传说乐府诗《上邪》为其所作。